Inhalt

Finanzmarktförderplan 2006

Kernthesen

Beitrag

Fallbeispiele

Weiterführende Literatur

Impressum

Finanzmarktförderplan 2006

M. Floßmann

Kernthesen

- Unter der Bezeichnung Finanzmarktförderplan 2006 hat das Bundesfinanzministerium im März 2003 ein Maßnahmenbündel zur Stärkung des Anlegerschutzes sowie der internationalen Konkurrenzfähigkeit des deutschen Finanzmarktes vorgestellt.
- Schwerpunkte der Finanzmarktförderung sind die Zulassung bzw. Regulierung von Hedge-Fonds und anderer alternativer Investments, die Förderung des Marktes für Verbriefungen sowie die steuerliche Gleichberechtigung ausländischer Fonds.
- Mehr Sicherheit und Transparenz für den

Investor soll im Rahmen eines 10-Punkte-Programms erreicht werden, das u. a. konkrete Überprüfungen von Unternehmensabschlüssen, eine verschärfte Haftung der Unternehmensführung sowie Maßnahmen zur Vermeidung von Interessenskonflikten bei Rating- und Analystenbeurteilungen enthält.
- Bislang liegt lediglich ein Eckpunktepapier vor, dem zeitnah ein Referentenentwurf folgen wird, da wichtige Neuerungen bereits Anfang 2004 in Kraft treten sollen.

Beitrag

Die Wiederherstellung des Vertrauens der Investoren in den Finanzplatz Deutschland sowie die Stärkung der internationalen Konkurrenzfähigkeit stehen neben der Umsetzung europäischer Richtlinien im Mittelpunkt des Finanzmarktförderplanes 2006. Dieser liegt bisher als Eckpunktepapier vor, das rund 30 Maßnahmen skizziert, die Schritt für Schritt bis 2006 realisiert werden sollen. Der Zeitplan sieht vor, dass wesentliche Teile mit dem Investmentgesetz 2003 und dem Investmentsteuergesetz bereits Anfang 2004 in Kraft treten. (4)

Investmentgesetz 2003

Dieser Teil des Finanzmarktförderplans zielt darauf ab, Defizite deutscher Fonds im internationalen Wettbewerb aufzuholen. So wird es künftig keine per Gesetz festgelegten Fondstypen mehr geben, beispielsweise können dann reine Derivatefonds aufgelegt werden. Bei Fondsneuauflagen wird das Genehmigungsprocedere optimiert.

Ein vereinfachter Verkaufsprospekt soll dem Investor besseren Zugang zu den für ihn wesentlichen Informationen sowie einen Vorteil bezüglich der Vergleichbarkeit bieten. Um künftig flexibler auf Marktveränderungen reagieren zu können, wird es für bestimmte Bereiche eigene Rechtsverordnungen geben.

Hedge-Fonds

Eine Investition in Hedge-Fonds wird den Anlegern in Deutschland mit Umsetzung des Investmentgesetzes 2003 ohne kompliziertes Ausweichen auf Zertifikate möglich sein. Einschränkend sollen Privatanleger direkten Zugang nur zu Dachfonds haben, die sich durch eine breitere Risikostreuung auszeichnen, da sie in mehrere weitere Fonds investieren. Private

Investoren sollen zudem durch einen Warnhinweis auf das Risiko eines Totalverlustes aufmerksam gemacht werden. Einschränkungen in Bezug auf das Verhältnis Eigenkapital/Fremdkapital sowie bei Leerverkäufen sind nicht vorgesehen. In Betracht gezogen wird jedoch eine Meldepflicht für Leerverkäufe.

Asset Backed Securities

Einen positiven Impuls möchte man der Entwicklung des deutschen Verbriefungsmarktes durch die Schaffung entsprechender Rahmenbedingungen geben. So werden die zur Abwicklung der Verbriefungen von Kreditinstituten gegründeten Zweckgesellschaften keine Gewerbesteuer zahlen. Nachdem es den Kreditinstituten durch das Instrument der Securitisation möglich ist, ihre Kreditforderungen bzw. -risiken am Kapitalmarkt zu platzieren, erwartet man sich von verbesserten Rahmenbedingungen positive Auswirkungen auf die Bereitschaft der Banken zur Vergabe von Unternehmenskrediten sowie auf die Zinsgestaltung.

Investmentsteuergesetz

Mit dem neuen Investmentsteuergesetz soll die steuerliche Benachteiligung ausländischer Fonds beseitigt werden. Dividenden werden bislang bei ausländischen Fonds im Vergleich zu inländischen doppelt so hoch besteuert, da das Halbeinkünfteverfahren für sie nicht angewendet wird. (4)
Die steuerliche Behandlung von Hedge-Fonds fließt ebenfalls in den Entwurf ein, diese sollen laut dem vorliegenden Eckpunktepapier steuerlich den herkömmlichen Fonds gleichgestellt werden.

Umsetzung von EU-Richtlinien

Einige der bereits genannten Maßnahmen gehen auf die sog. OGAW-Richtlinie (OGAW = Organismen für gemeinsame Anlage in Wertpapieren) der EU zurück. Überdies sind im Zuge der Umsetzung von EU-Richtlinien weitere Neuerungen zu erwarten: (2), (6)

-bessere Möglichkeiten für Fondsgesellschaften zur Auslagerung ihrer Geschäftsaktivitäten
-Mindestbedingungen u. a. in Bezug auf Eigenkapital
-neue Aufsicht für Finanzgruppen mit Banken- und Versicherungsbeteiligung
-EU-Pass für Investmentfonds, deren Vermögen in Geldmarktpapieren, Anteilen anderer

Investmentfonds, Bankeinlagen und/oder Derivaten angelegt werden darf.

10-Punkte-Programm

Das 10-Punkte-Programm umfasst Maßnahmen zur Wiederherstellung des Anlegervertrauens. Die einzelnen Vorhaben sollen nach und nach konkretisiert und in Gesetze umgesetzt werden: (5)

-Eine unabhängige Enforcement-Stelle wird an der Seite der Bundesanstalt für Finanzdienstleistungsaufsicht Untersuchungen hinsichtlich der Richtigkeit von Unternehmensabschlüssen durchführen.

-Mitglieder des Vorstandes sowie des Aufsichtsrates sollen bei vorsätzlichen oder grob fahrlässigen Falschinformationen persönlich haftbar gemacht werden.

-Für Beteiligungen, die am sog. Grauen Markt angeboten werden, ist eine Prospektpflicht vorgesehen .

-Es sollen Regularien erarbeitet werden, die mehr Unabhängigkeit von Ratingurteilen bzw. Analysten gewährleisten.

Darüber hinaus beinhaltet der Katalog weitere Maßnahmen zu Bilanzregeln, zur Rolle der Abschlussprüfer sowie zu Börsenaufsicht und Corporate Governance.

Stimmen von Branchenvertretern zum vorliegenden Eckpunktepapier

Die im Eckpunktepapier vorgestellten Neuregelungen wurden von der Finanzbranche als dringend notwendiger Schritt begrüßt. In vieler Augen gehen die Maßnahmen jedoch nicht weit genug, um die Defizite des Finanzmarktes Deutschland entscheidend zu verringern. (3) Zudem wird eine zu späte Reaktion auf Markterfordernisse sowie ein zu enger Zeitplan bemängelt. Zweifel wurden auch dahingehend geäußert, ob die versprochenen Deregulierungsmaßnahmen - sofern sie nicht ohnehin per EU-Richtlinie obligatorisch sind - tatsächlich im angekündigten Maße durchgeführt werden. (6)

Vor allem der Verband der Auslandsbanken bringt

Kritik an und fordert sofortiges Handeln in drei Punkten: steuerliche Gleichbehandlung, Dotationskapital von Filialen und grenzüberschreitendes Bankgeschäft. (9)

Fallbeispiele

Belebung des Verbriefungsmarktes in Verbindung mit dem Finanzmarktförderplan:
Commerzbank, Deutsche Bank, Dresdner Bank, HypoVereinsbank sowie die DZ-Bank (Volks- und Raiffeisenbank-Gruppe) planen zusammen mit der Kreditanstalt für Wiederaufbau (KfW) eine Zweckgesellschaft zur Verbriefungen von Krediten. (8)

Macht der Rating-Agenturen, Beispiel USA:
Auch in den USA ist noch offen, wie die Macht der führenden Rating-Agenturen kontrolliert werden kann. Im Gespräch sind regelmäßige Inspektionen sowie Standards of Diligence. In diesem Zusammenhang wurde eine Studie veröffentlicht, die den kleineren Agenturen zeitnähere Ratings bescheinigt. (10)

Beispiel Wertpapierrecht in den USA:
Der Sarbanes-Oxley Act - Konsequenz aus diversen Finanzskandalen und der damit einhergehenden Schädigung des Rufs des amerikanischen Corporate Governance-Systems - beinhaltet erhebliche Veränderungen für die in den USA börsennotierten Unternehmen. Beispiele: verstärkte Haftung der Unternehmensführung, spezielle Anforderungen an Board-Mitglieder, verschärfte Aufsicht über Wirtschaftsprüfer. (11)

Die Man Group plc., einer der großen Hedge-Fonds trifft bereits Vorbereitungen für den Vertrieb am deutschen Markt. Nach eigenen Aussagen stehen bereits Kontakte zu möglichen Vertriebspartnern, an einer Marketingstrategie sowie an der Produktentwicklung wird gearbeitet. (7)

Weiterführende Literatur

(1) Anbieter Alternativer Investments ringen um Deregulierung
aus Börsen-Zeitung, 16.04.2003, Nummer 74, Seite 8

(2) Neues Investmentgesetz geplant Mehr Produkte und mehr Anlegerschutz
aus Die SparkassenZeitung, 07.03.2003, Nr. 10, S. 5

(3) Bundesfinanzminister stellt Maßnahmenbündel

vor - Aktionärsschützer begrüßen Zulassung von Hedge-Fonds Eichel will Finanzplatz Frankfurt auf Vordermann bringen
aus Die Welt, Jg. 58, 07.03.2003, Nr. 56, S. 17

(4) Hans Eichel lässt Hedge Funds zu Finanzminister will mit neuen Gesetzen ausländische Investmentfonds gleich stellen
aus FTD Financial Times Deutschland vom 06.03.2003, Seite 19

(5) Zehn-Punkte-Plan soll bis Anfang 2005 vollständig umgesetzt sein - Verbesserte Transparenz und erleichterte Klagemöglichkeiten Regierung legt Programm zur Stärkung des Anlegerschutzes vor
aus Die Welt, Jg. 54, 26.02.2003, Nr. 48, S. 17

(6) Pflicht- und Kürprogramm
aus Frankfurter Allgemeine Zeitung, 11.03.2003, Nr. 59, S. 25

(7) Ausländische Hedgefonds planen Offensive in Deutschland
aus Frankfurter Allgemeine Zeitung, 15.03.2003, Nr. 63, S. 21

(8) Banken verschaffen sich Kapitalentlastung
aus Frankfurter Allgemeine Zeitung, 23.04.2003, Nr. 94, S. 13

(9) Die Auslandsbanken brauchen einen starken Finanzplatz!

aus Zeitschrift für das gesamte Kreditwesen Nr. 07 vom 01.04.2003 Seite 336

(10) US-Kongress mahnt Regulierung der Rating-Agenturen an Börsenaufsicht SEC will bald Vorschläge präsentieren
aus FTD Financial Times Deutschland vom 03.04.2003, Seite 23

(11) Salzberger, Wolfgang, Sarbanes-Oxley Act of 2002, Wirtschaftswissenschaftliches Studium, Heft 03/2003, S. 165-166
aus FTD Financial Times Deutschland vom 03.04.2003, Seite 23

Impressum

Finanzmarktförderplan 2006

Bibliografische Information der deutschen Nationalbibliothek

Die Deutsche Nationalbibliothek verzeichnet diese Publikation in der deutschen Nationalbibliografie; detaillierte bibliografische Daten sind im Internet über http://dnb.d-nb.de abrufbar.

ISBN: 978-3-7379-0669-2

© 2015 GBI-Genios Deutsche Wirtschaftsdatenbank GmbH, Freischützstraße 96, 81927 München, www.genios.de

Alle Rechte vorbehalten. Dieses Werk ist einschließlich aller seiner Teile – z.B. Texte, Tabellen und Grafiken - urheberrechtlich geschützt. Jede Verwertung außerhalb der Grenzen des Urheberrechtsgesetzes bedarf der vorherigen Zustimmung des Verlags. Dies gilt insbesondere auch für auszugsweise Nachdrucke, fotomechanische Vervielfältigungen (Fotokopie/Mikroskopie), Übersetzungen, Auswertungen durch Datenbanken oder ähnliche Einrichtungen und die Einspeicherung und Verarbeitung in elektronischen Systemen.